Good Vibes

Coloring Books for Adults

Copyright © 2019 Violet Miranda

ISBN: 9781691878123

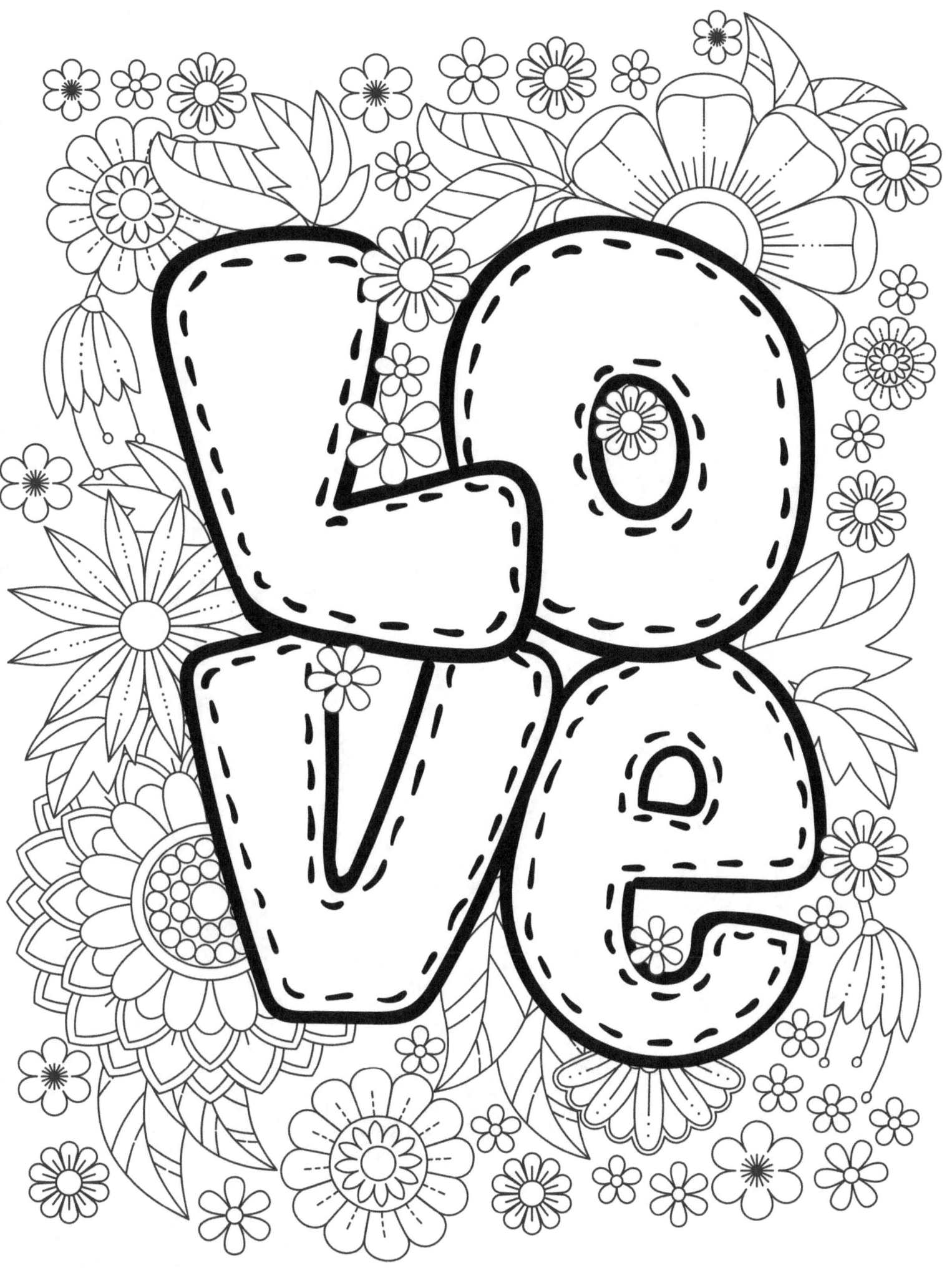

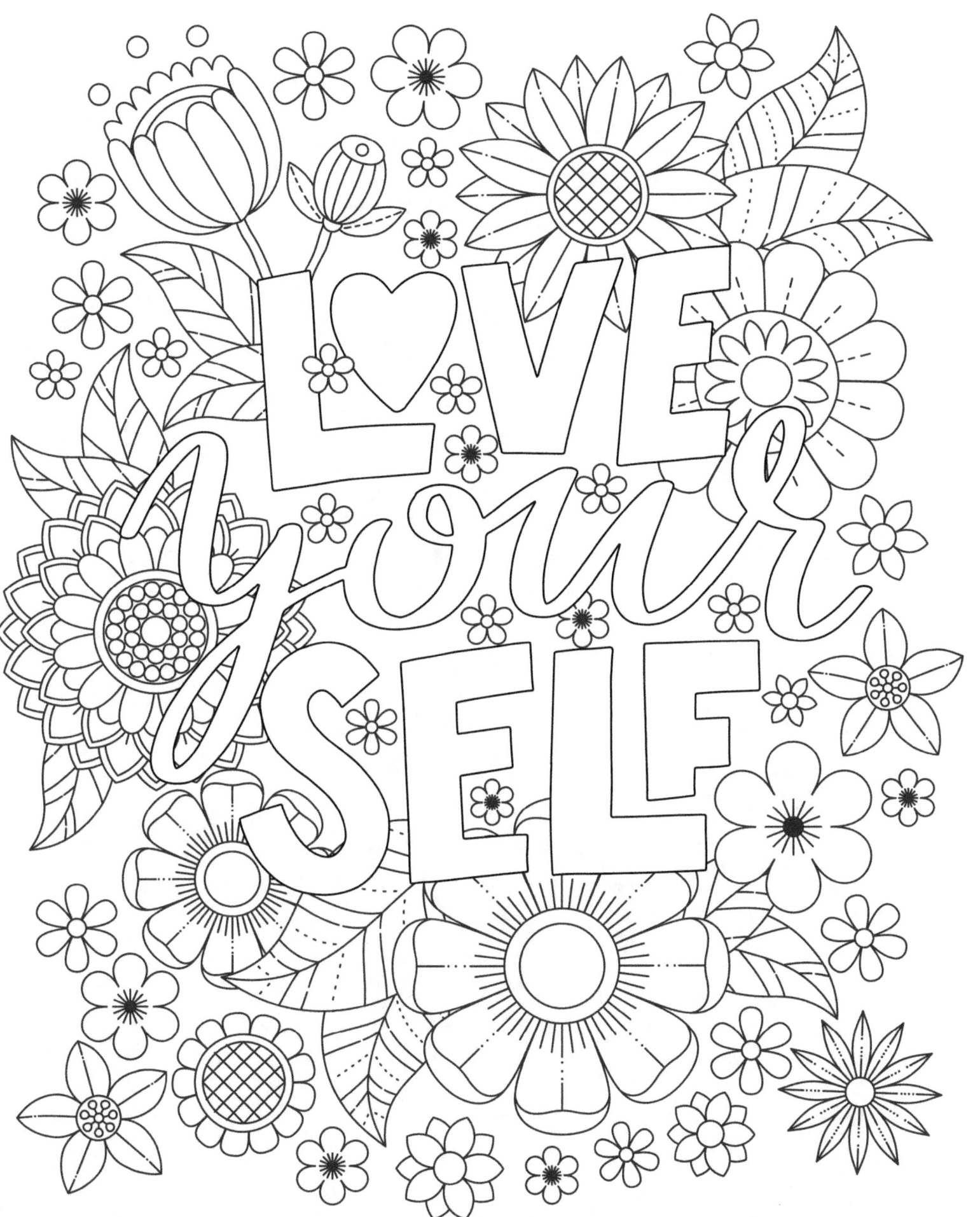

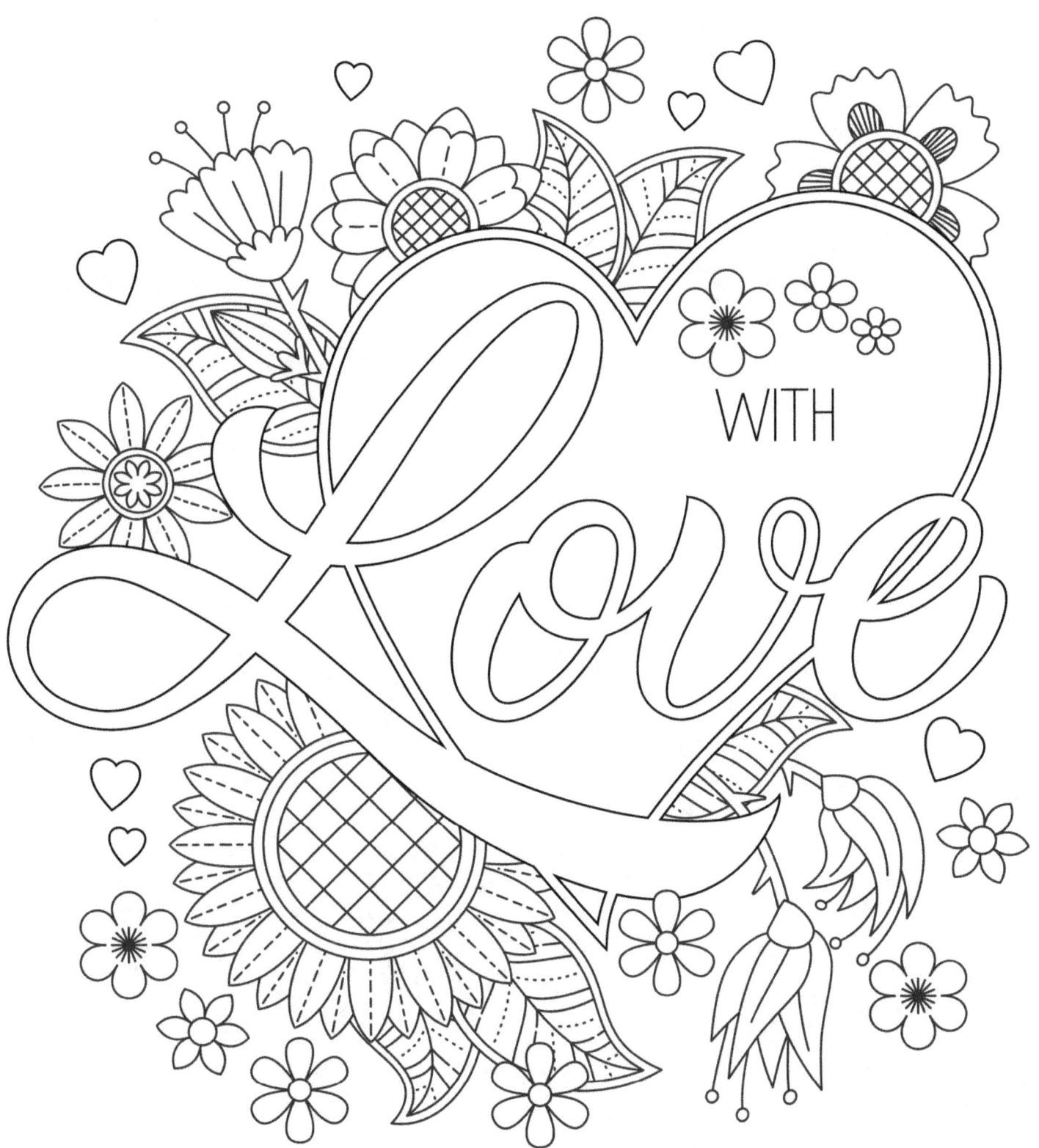

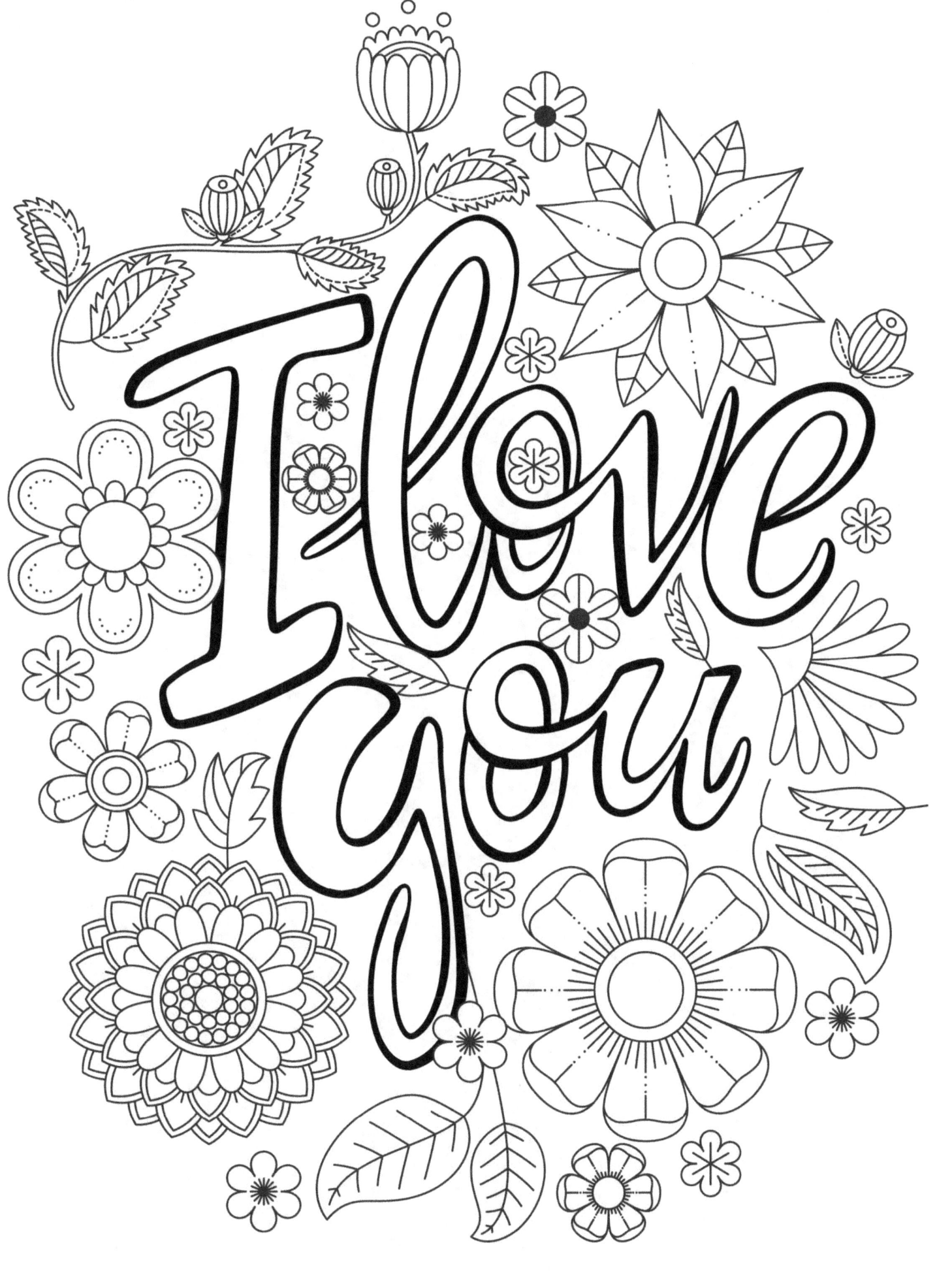

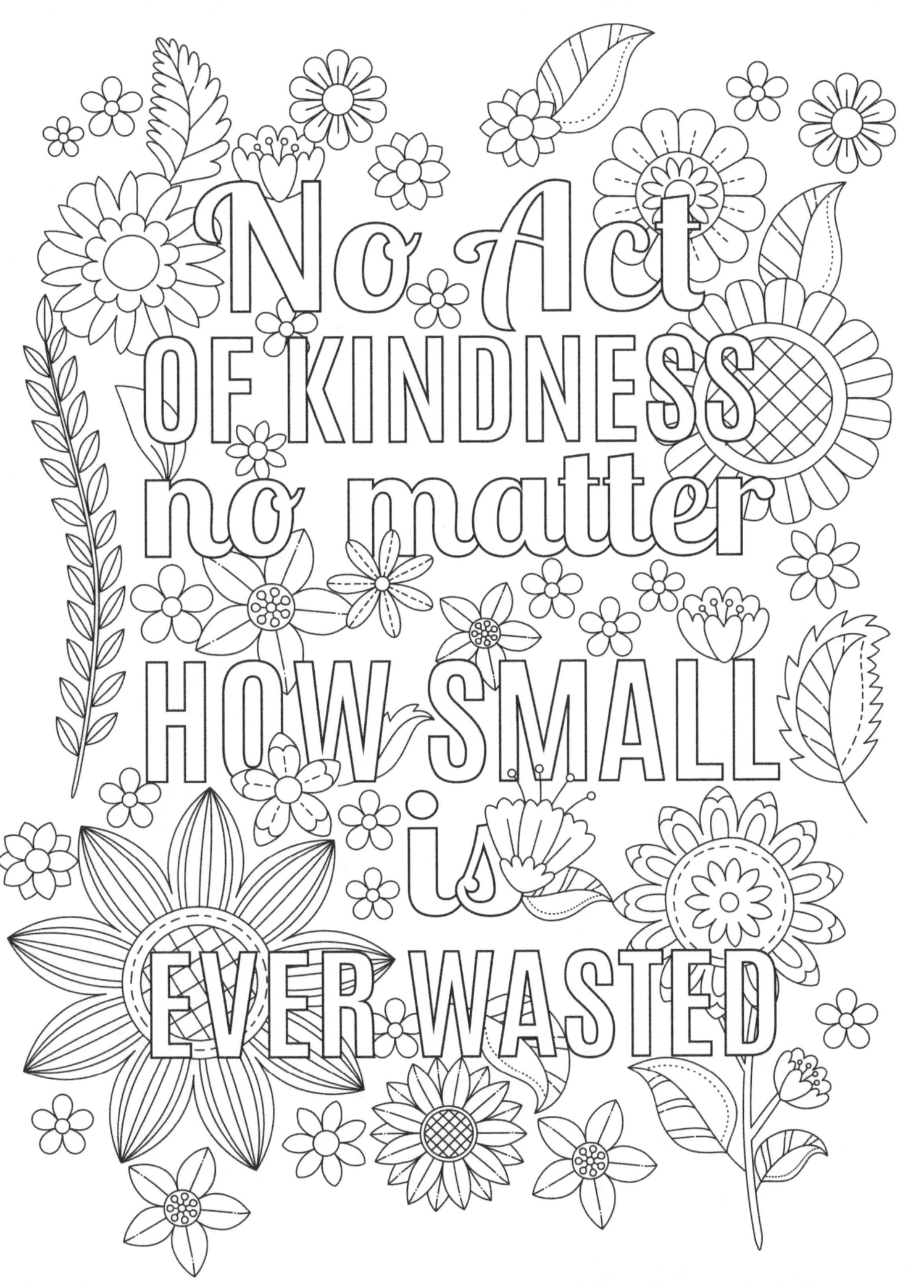

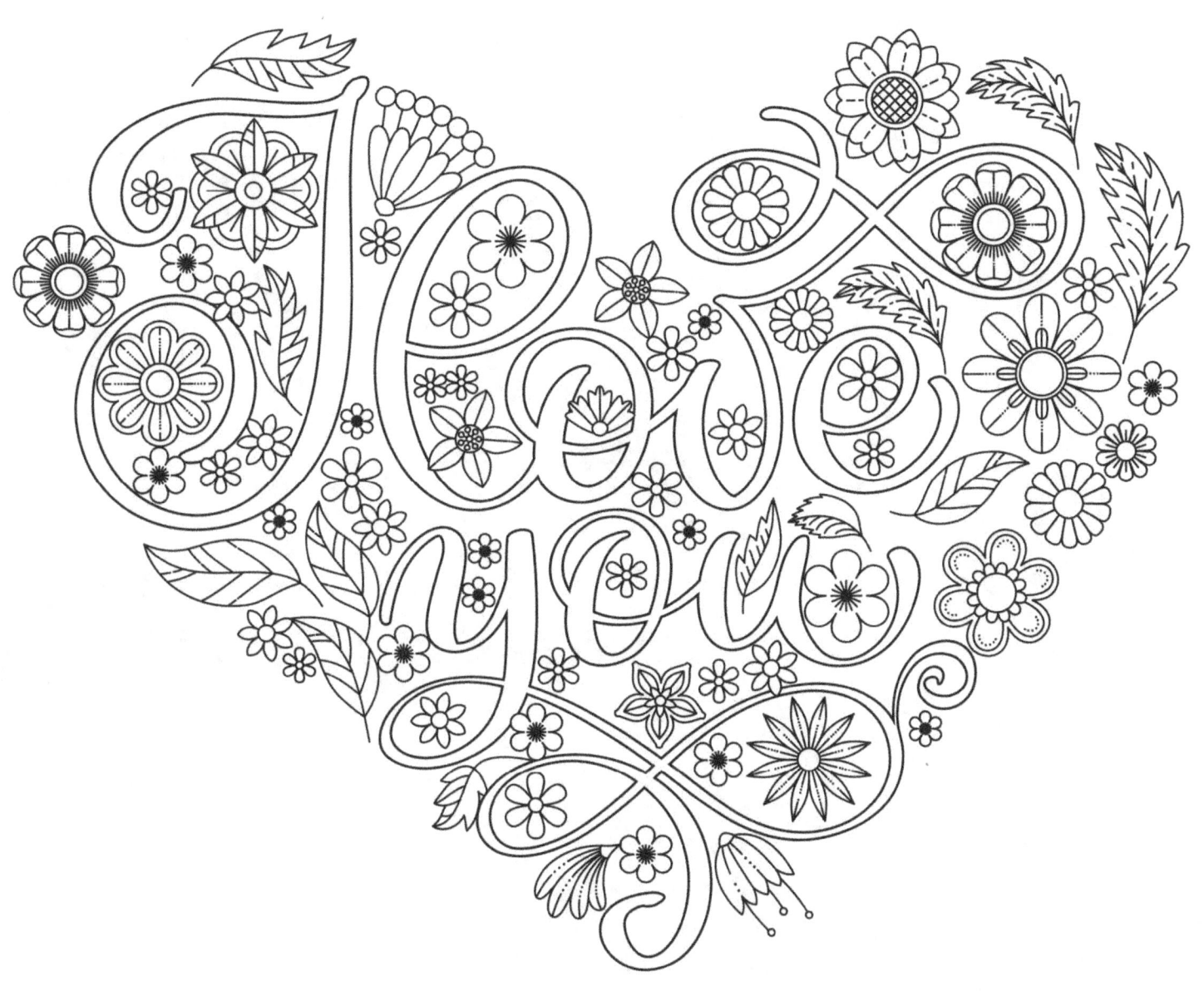

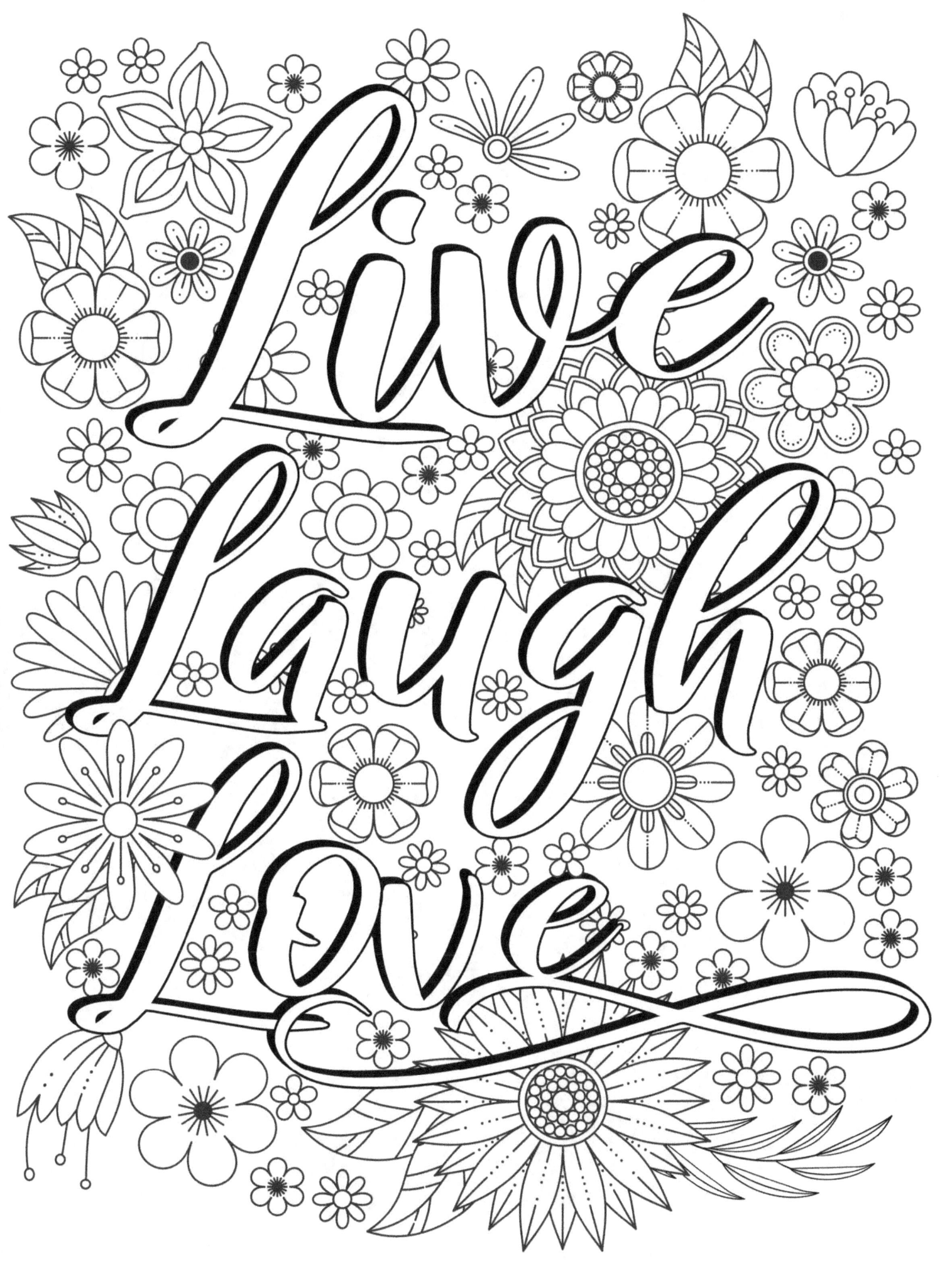

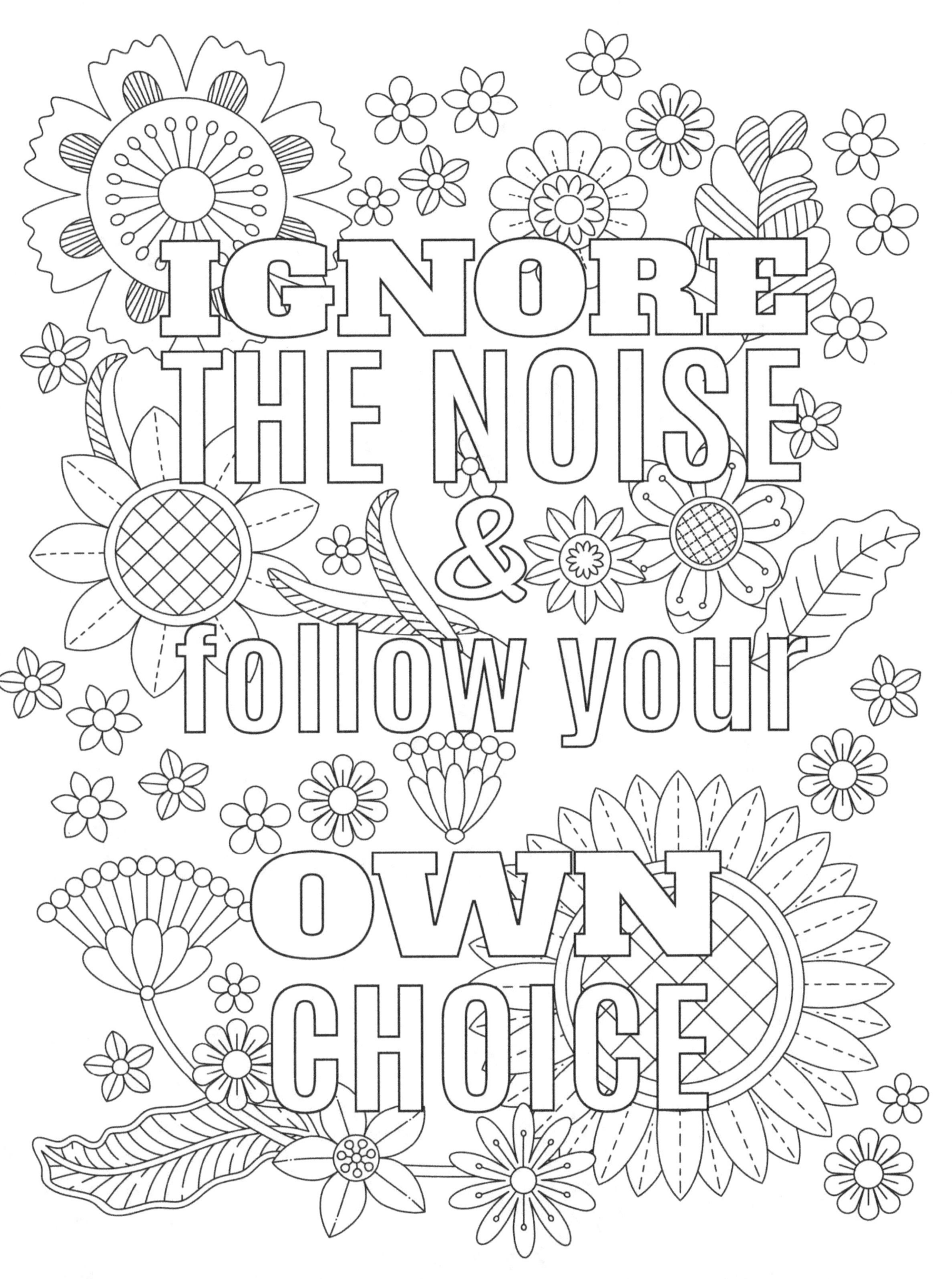

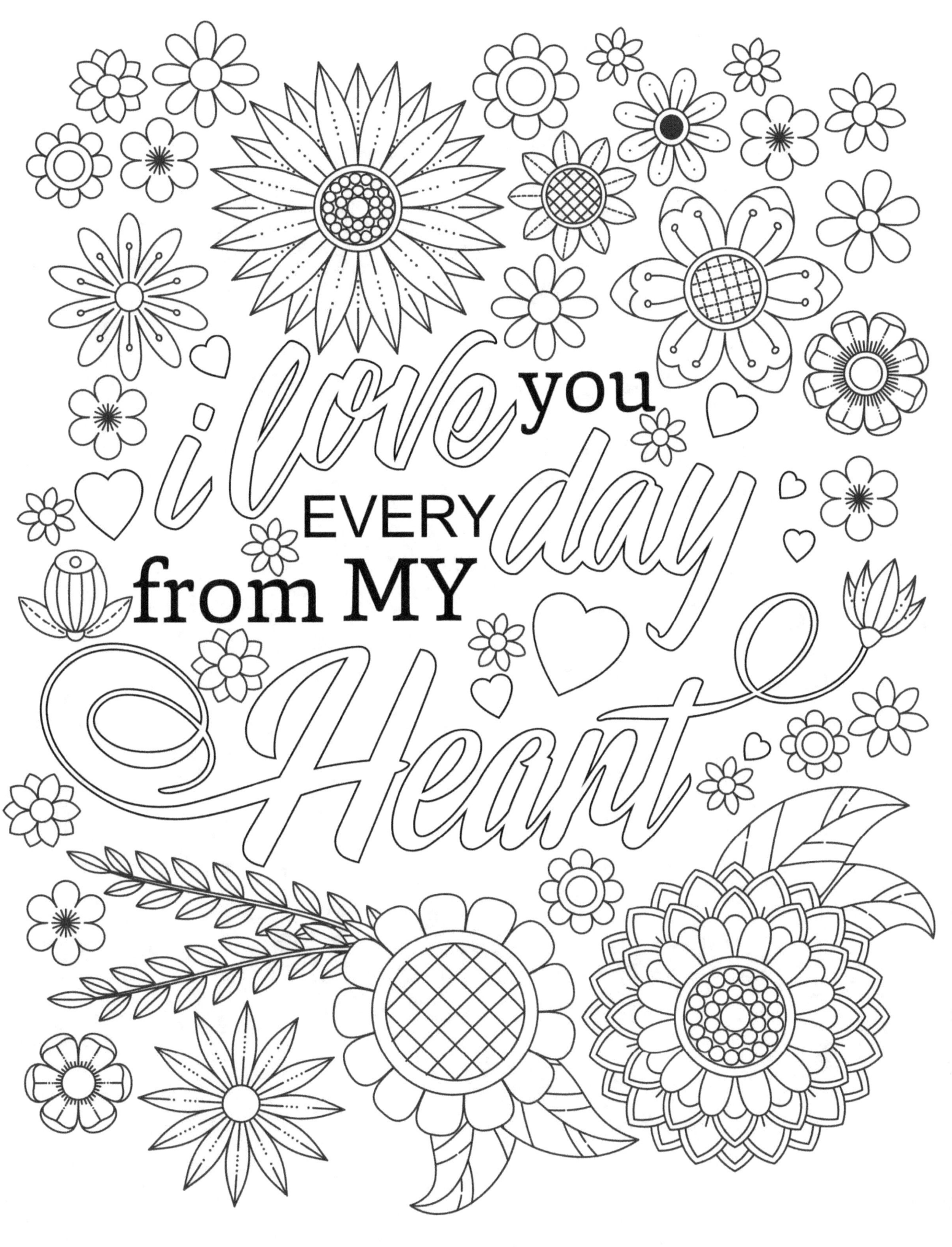

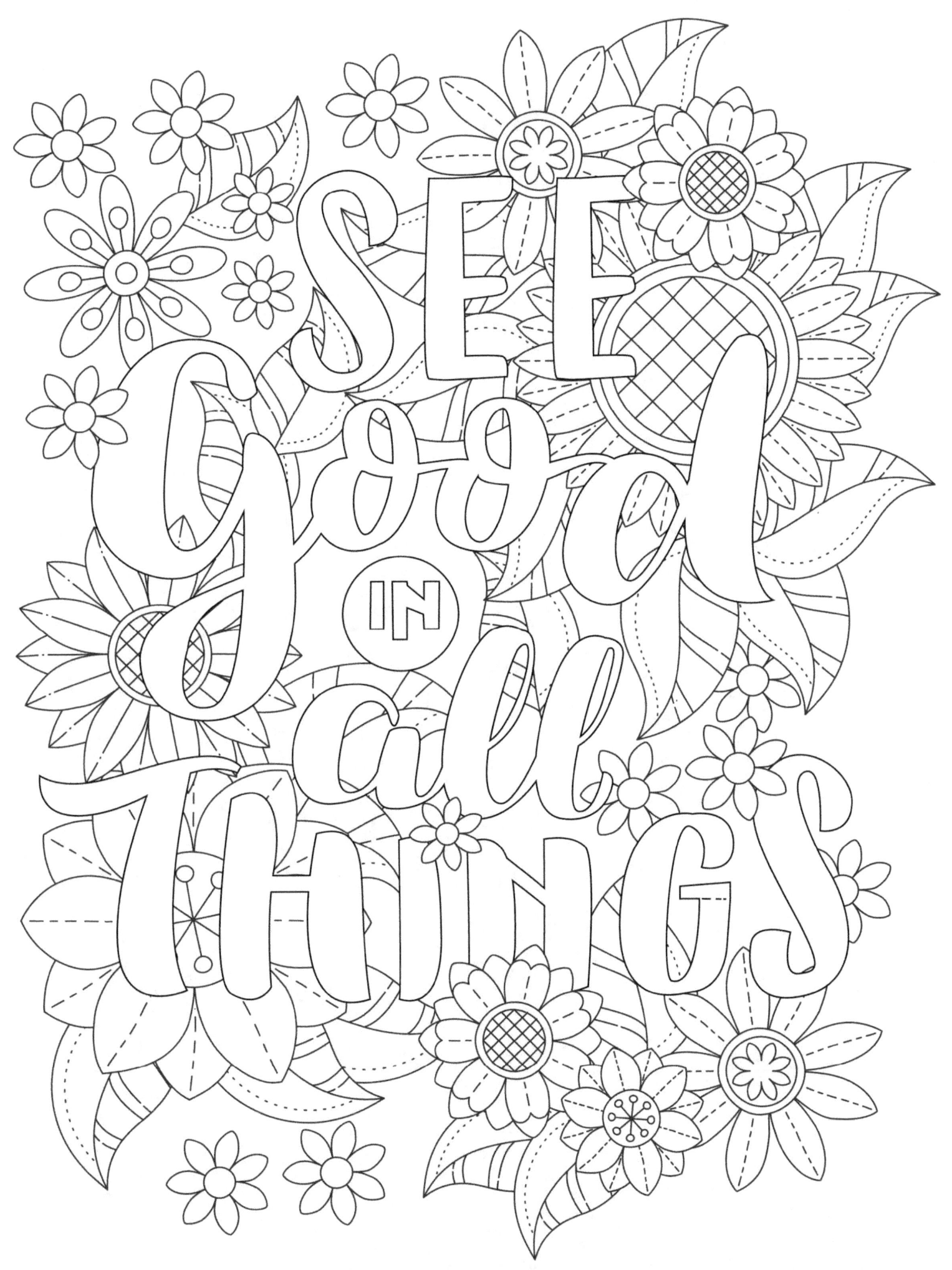

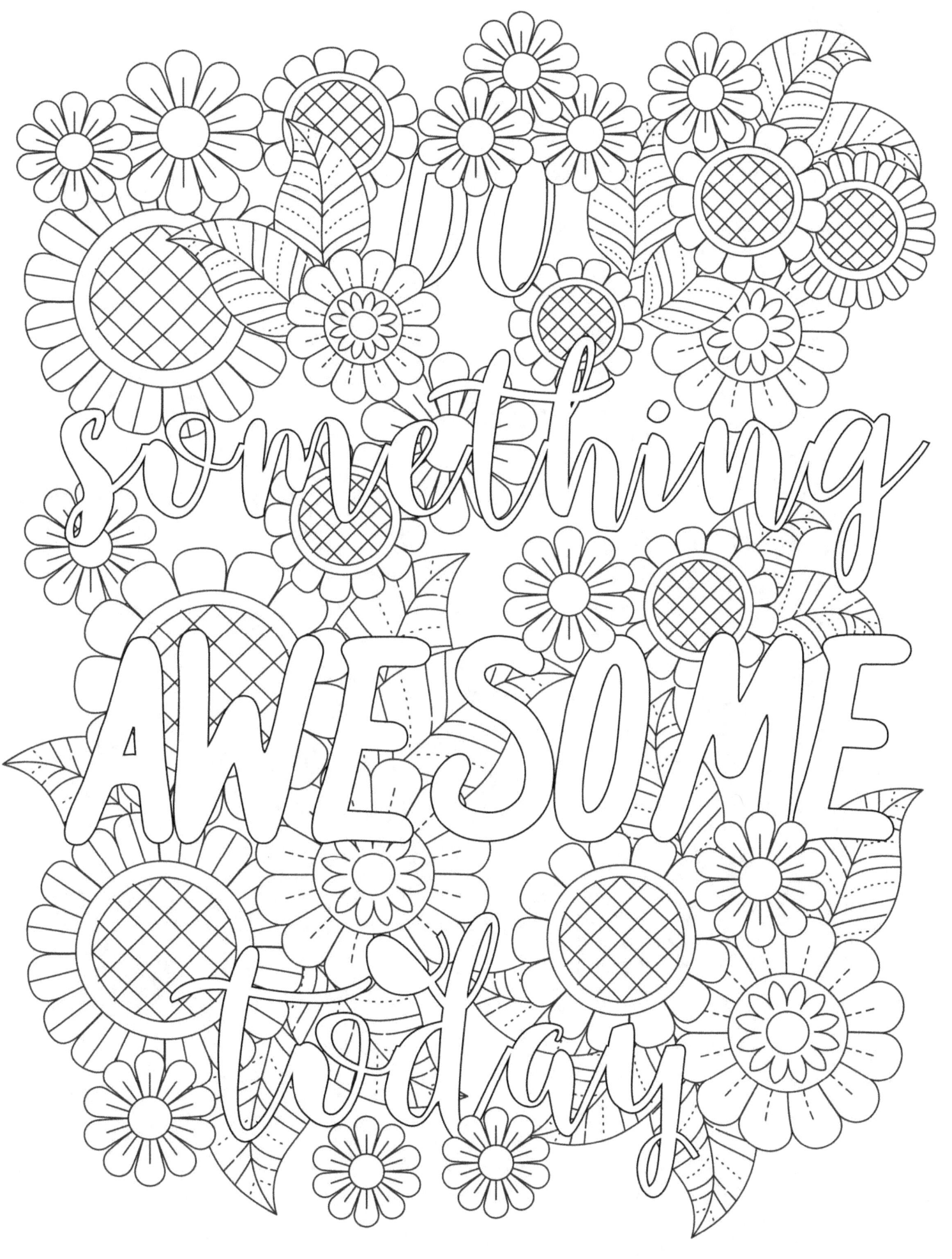

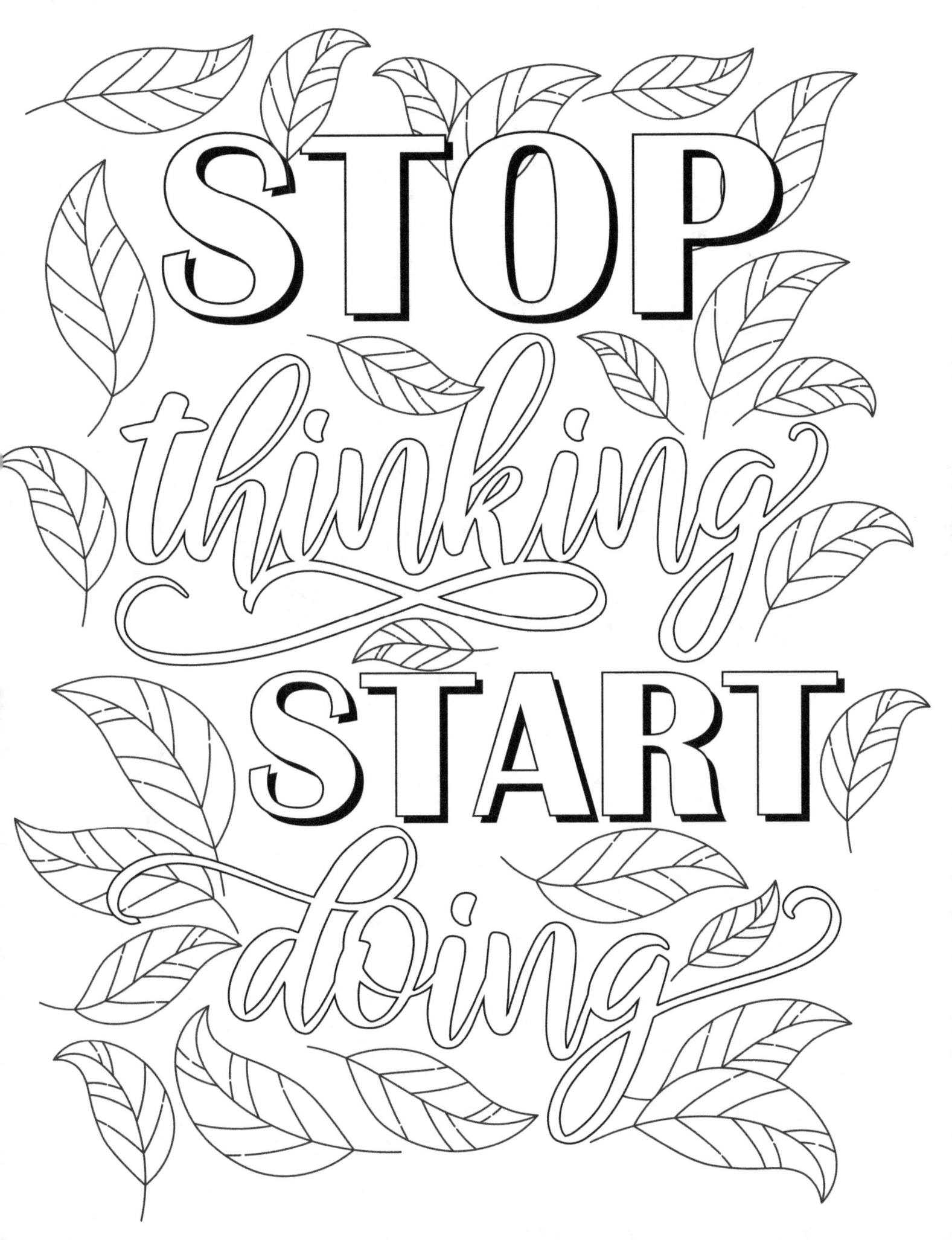

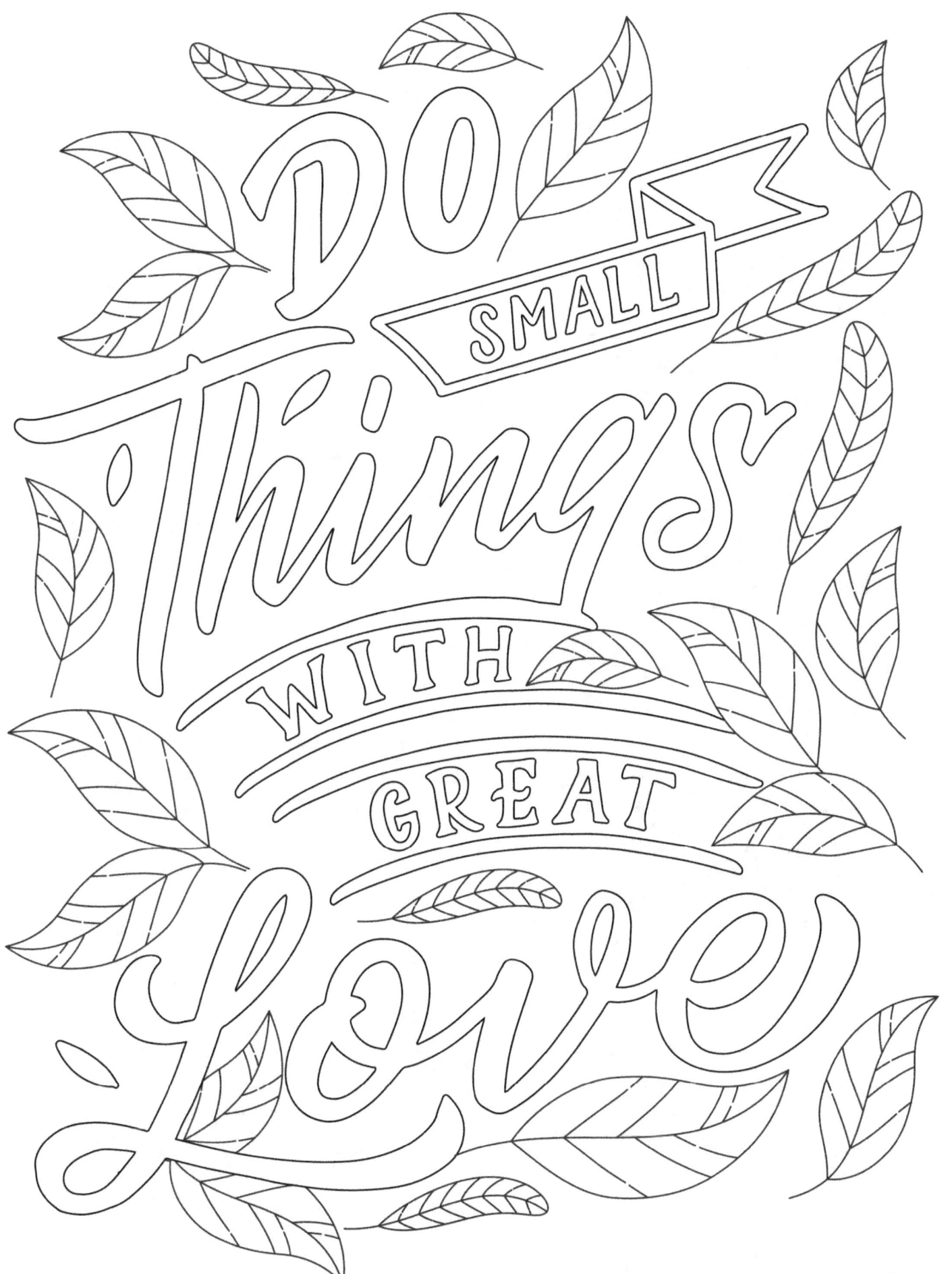

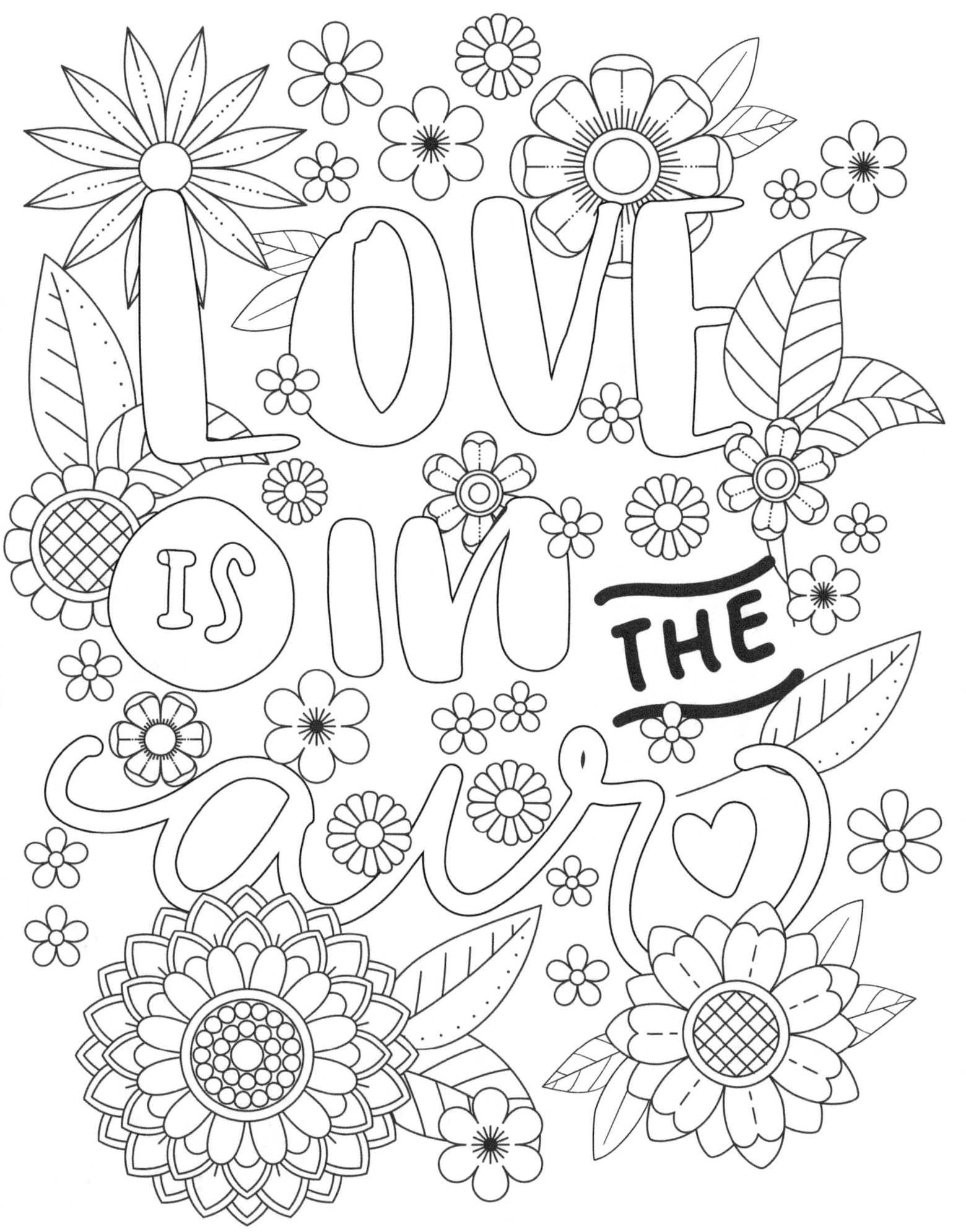

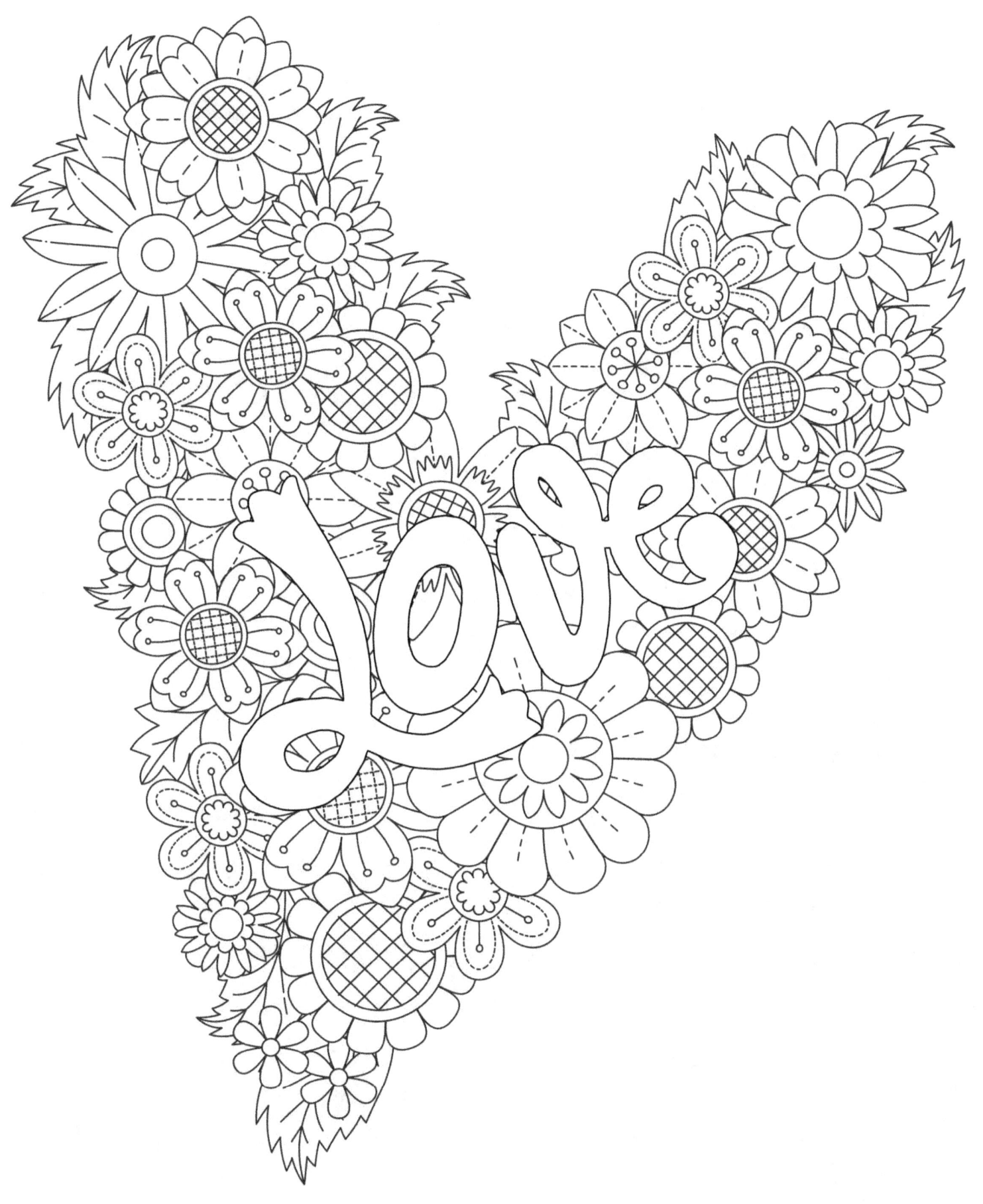

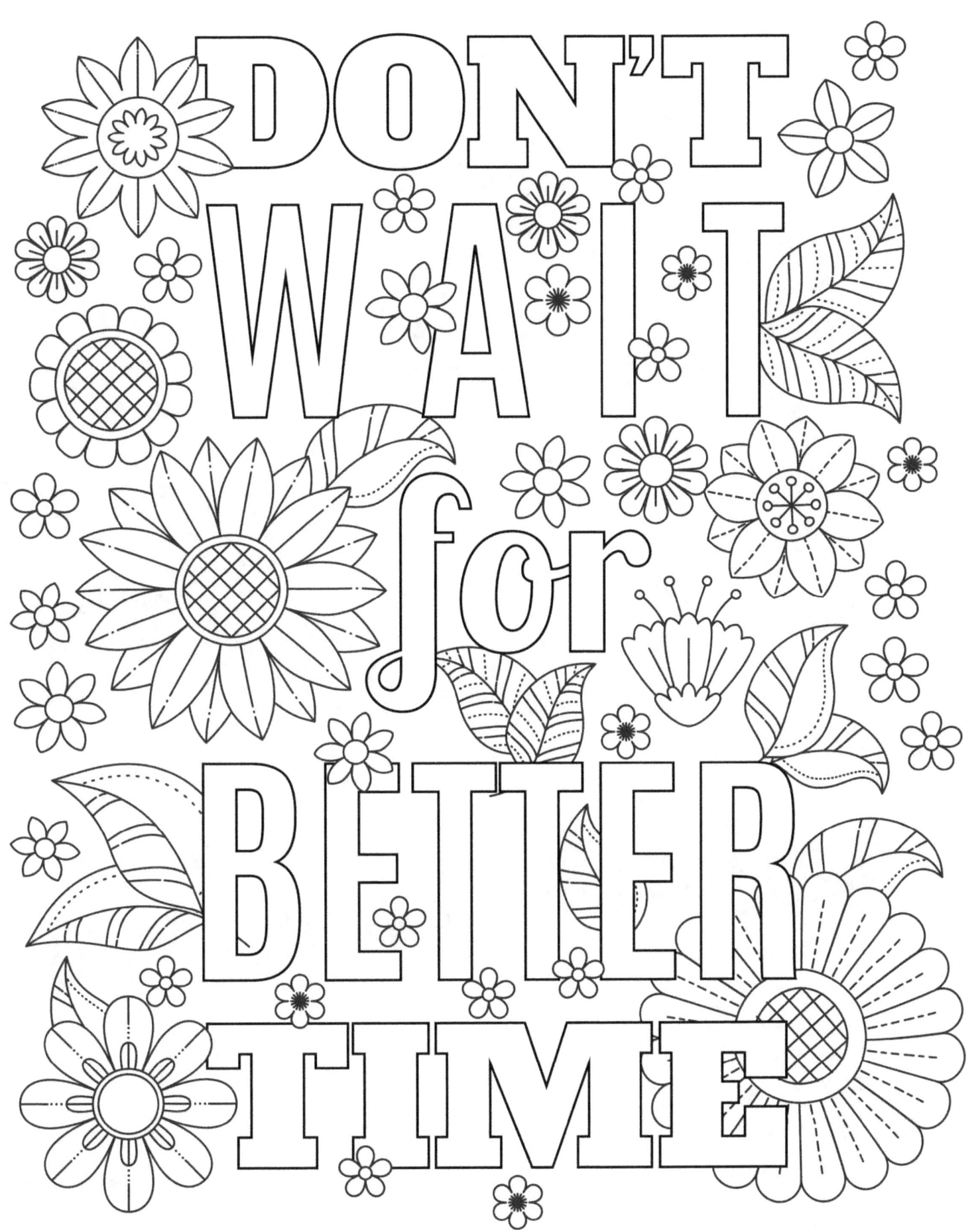

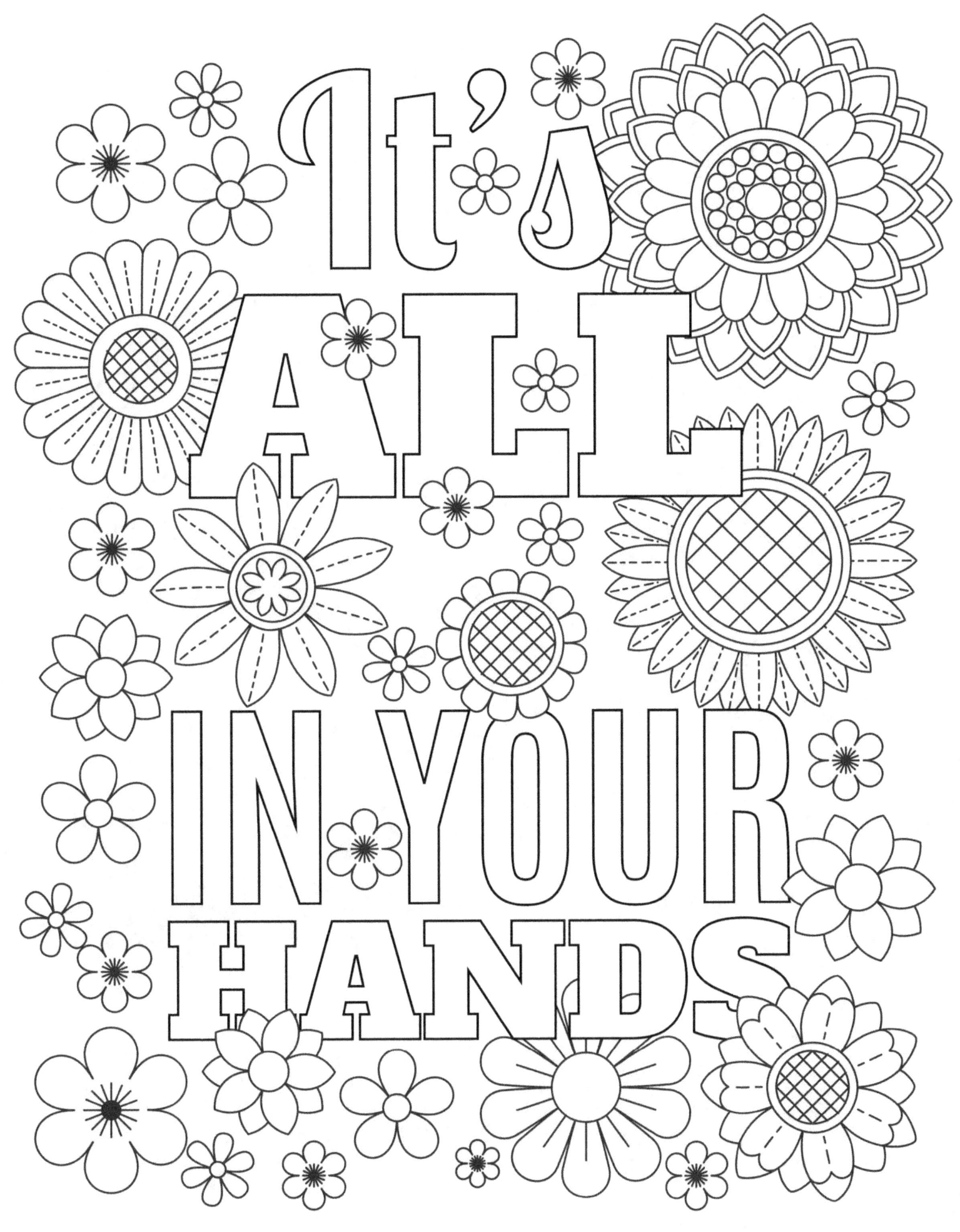

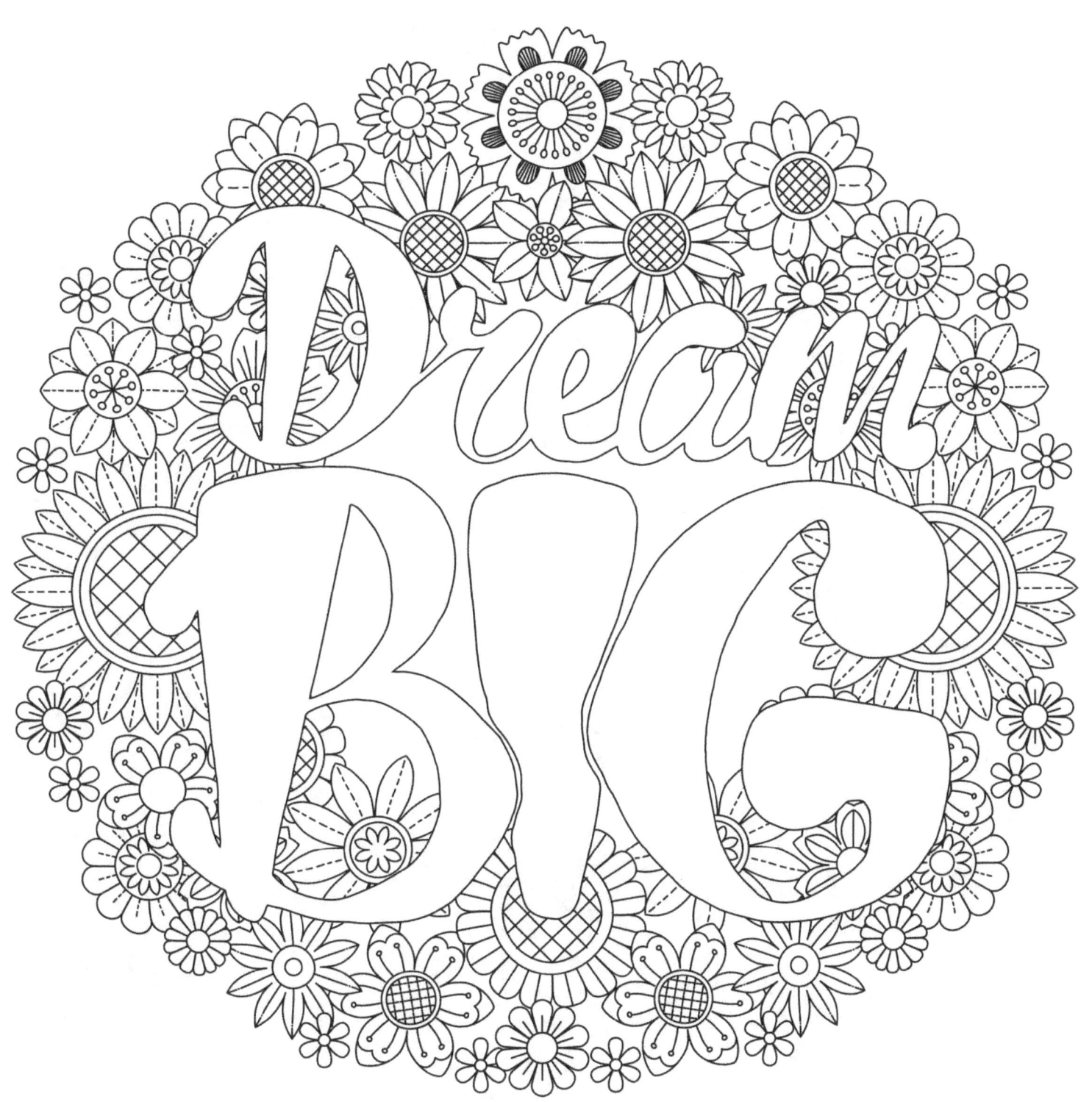

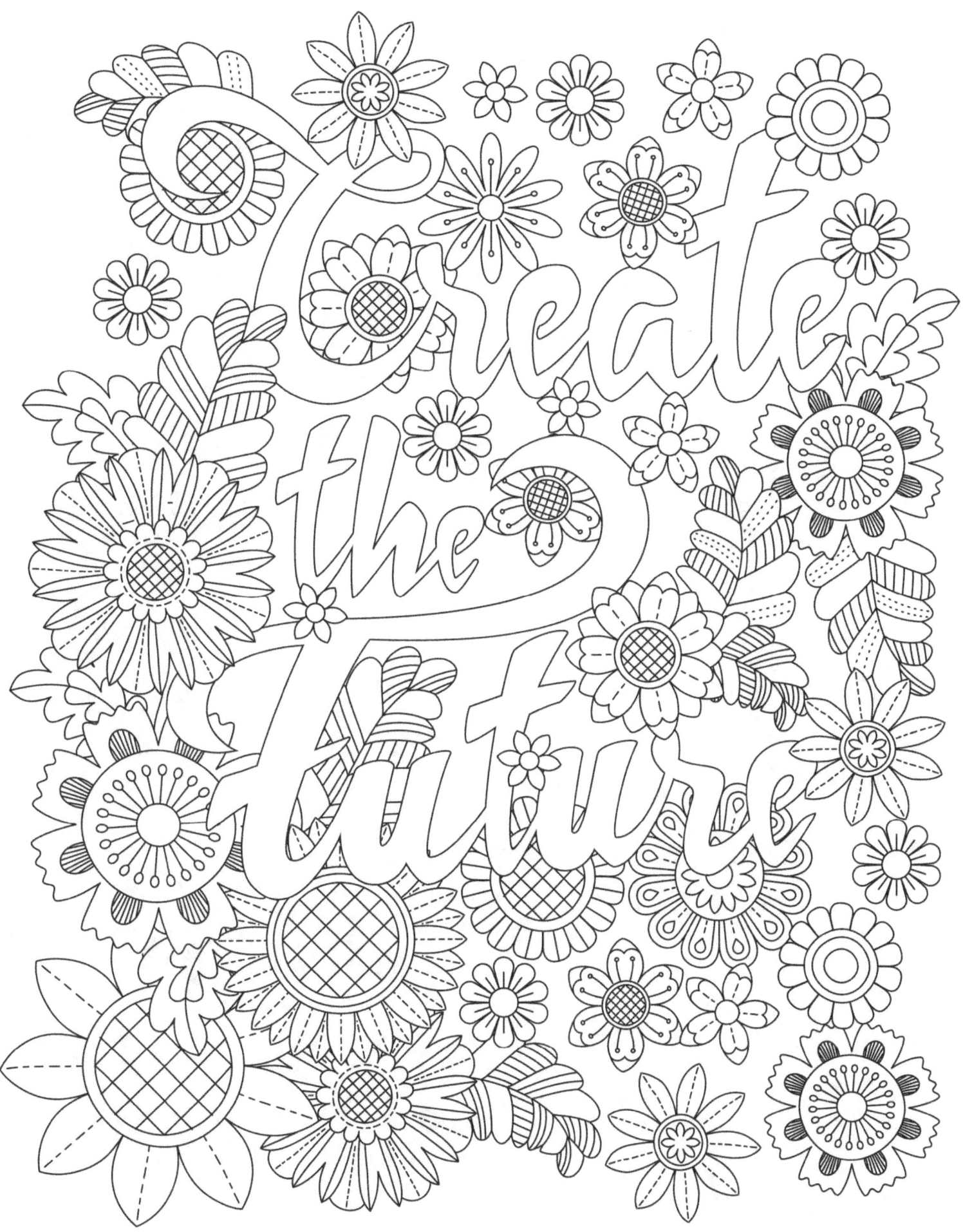

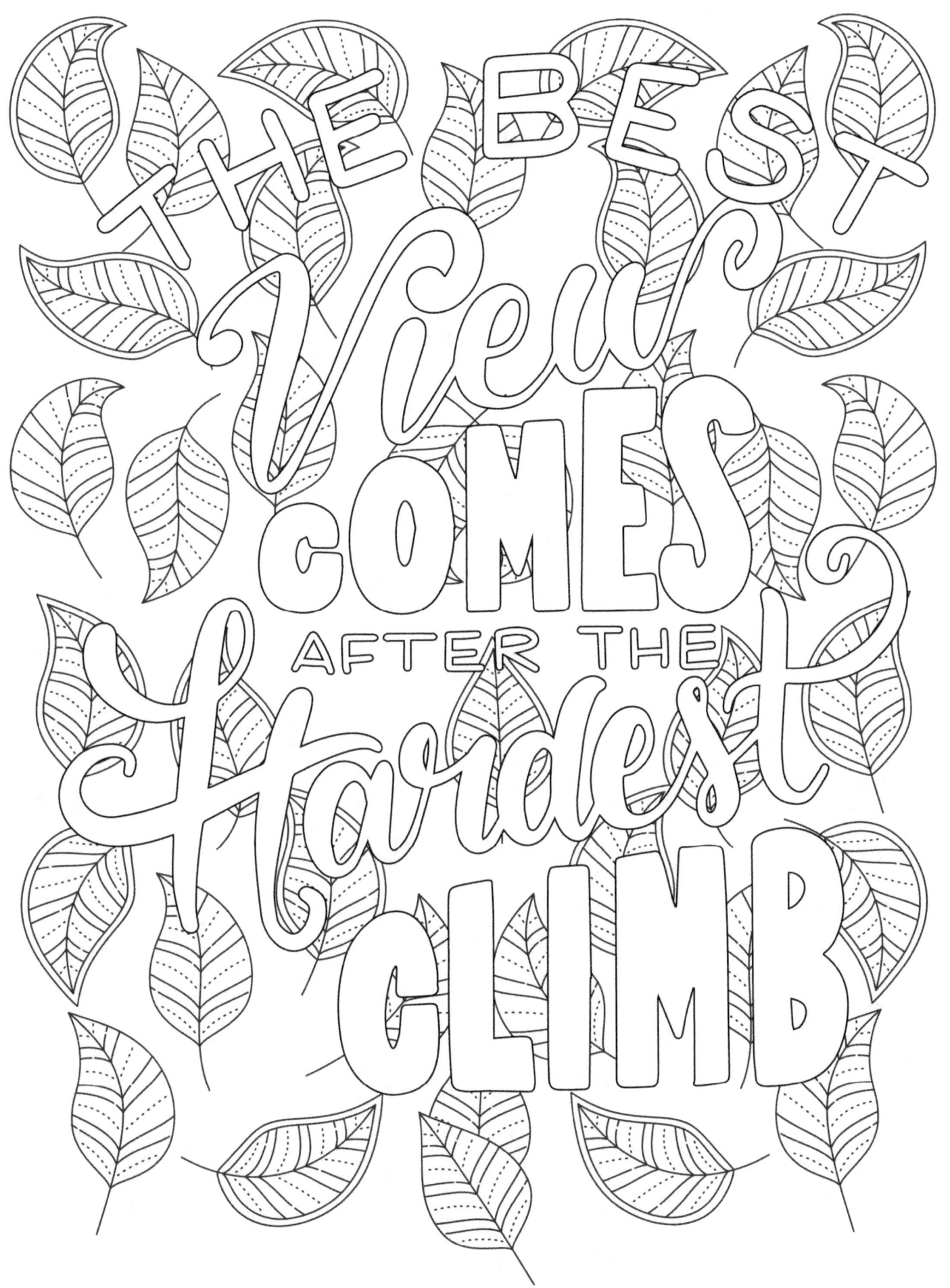

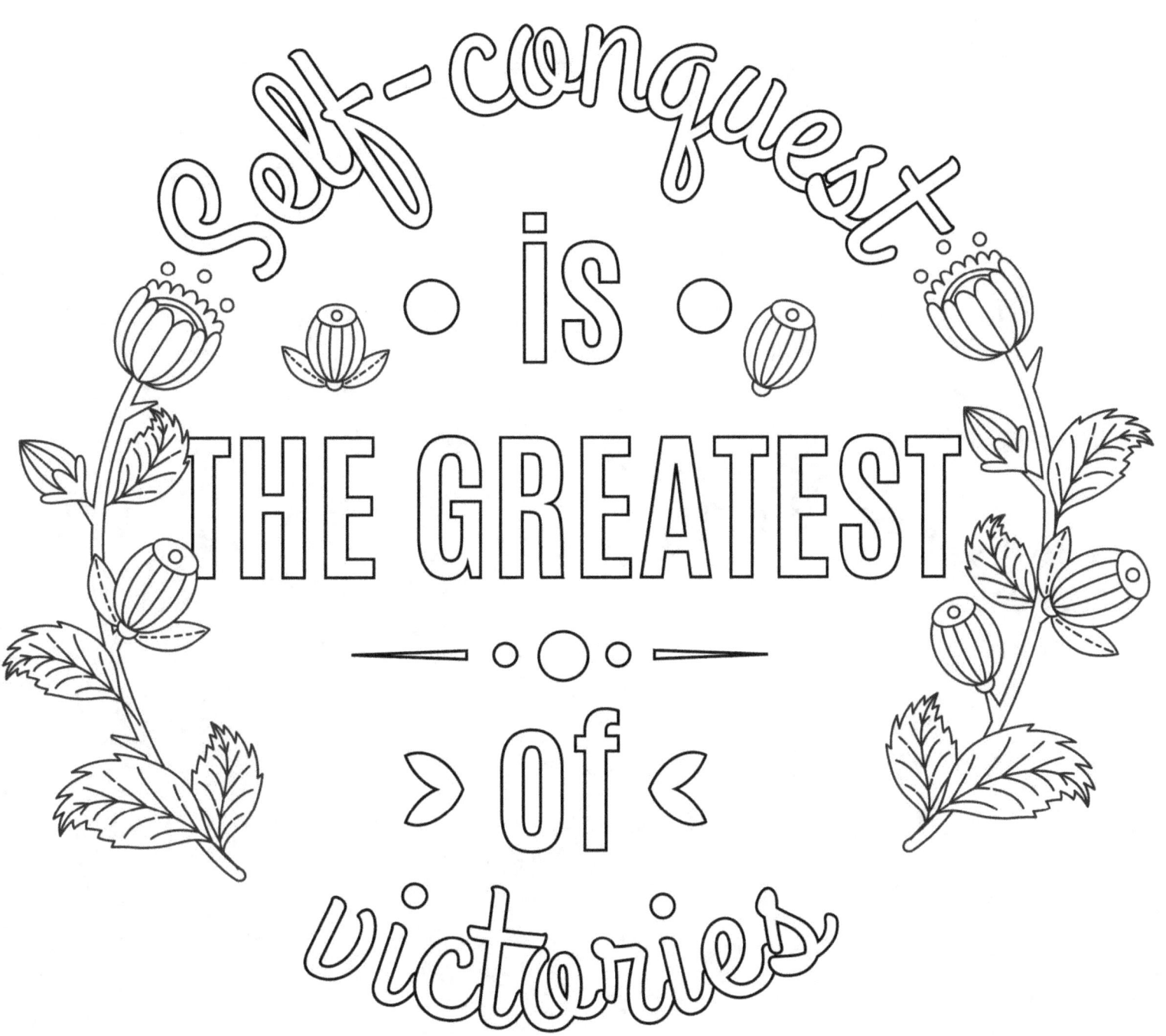

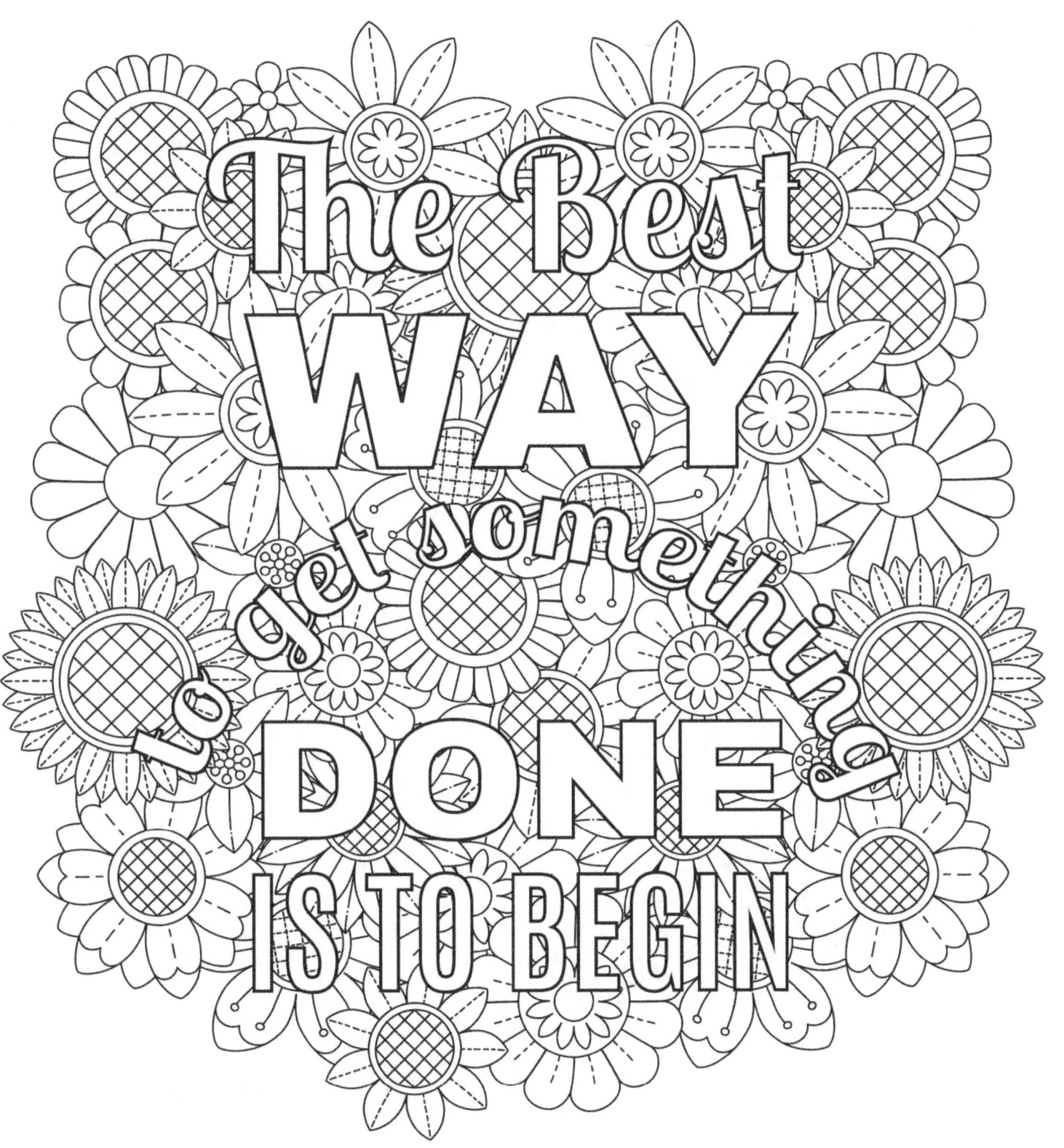

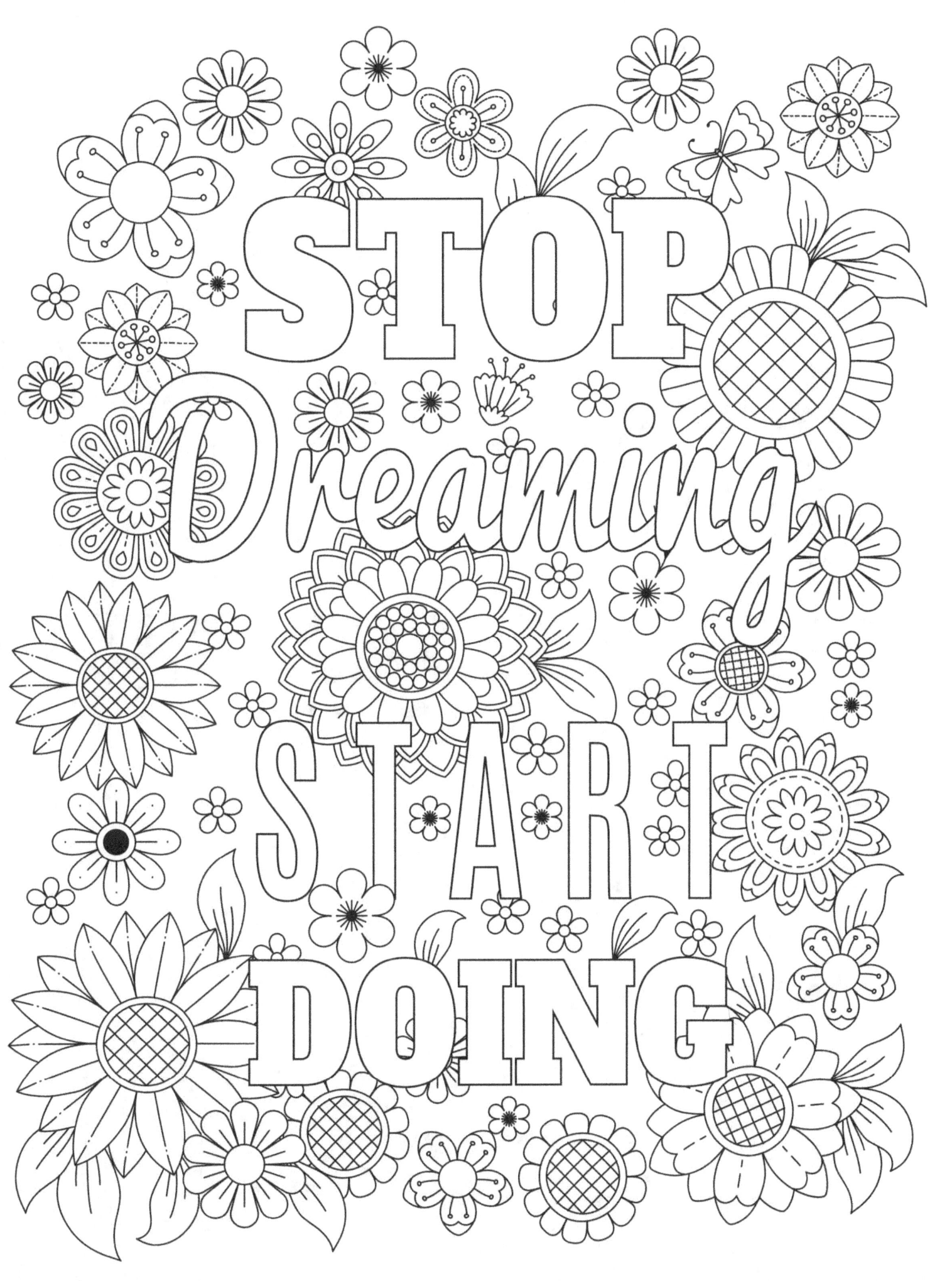

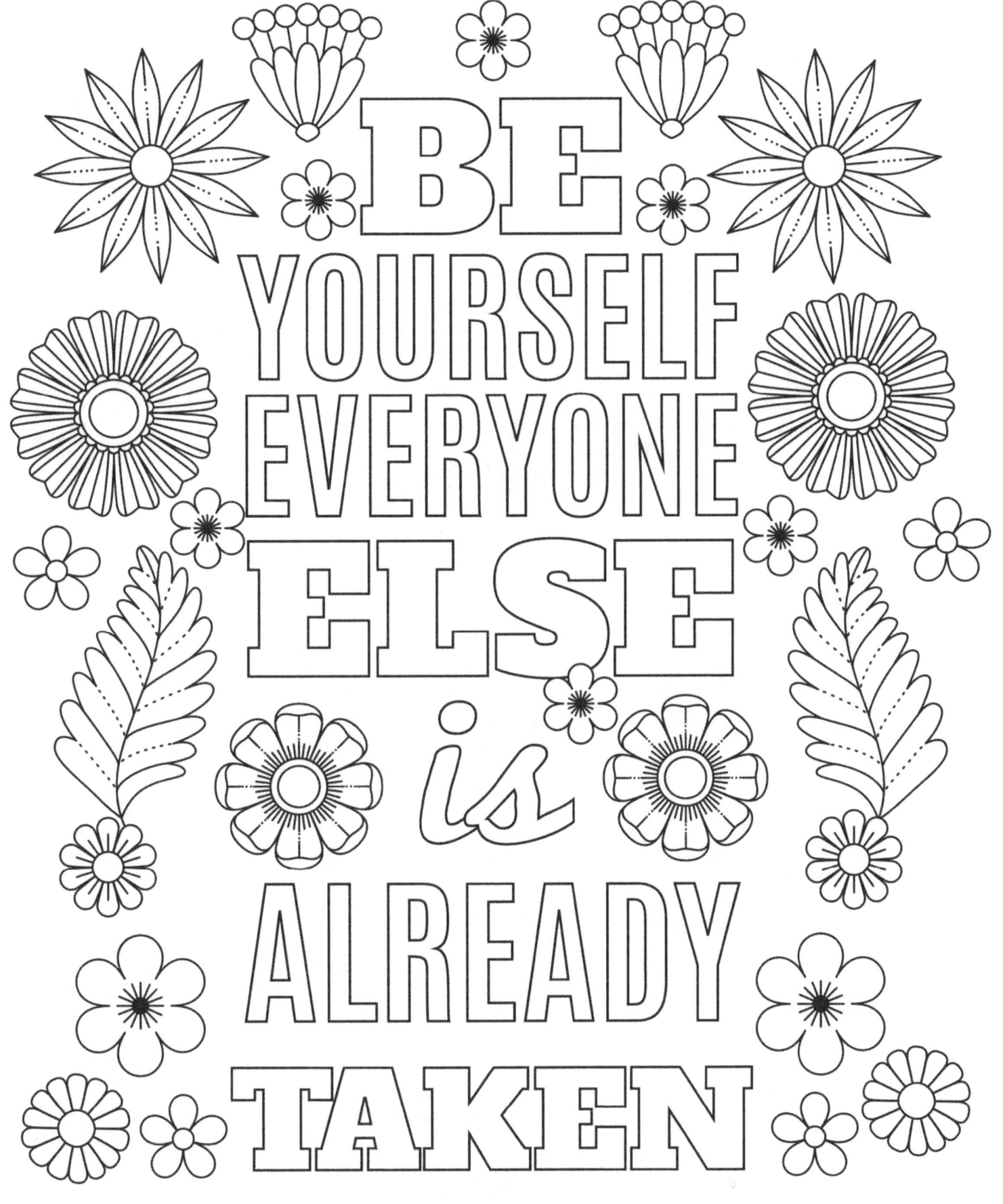

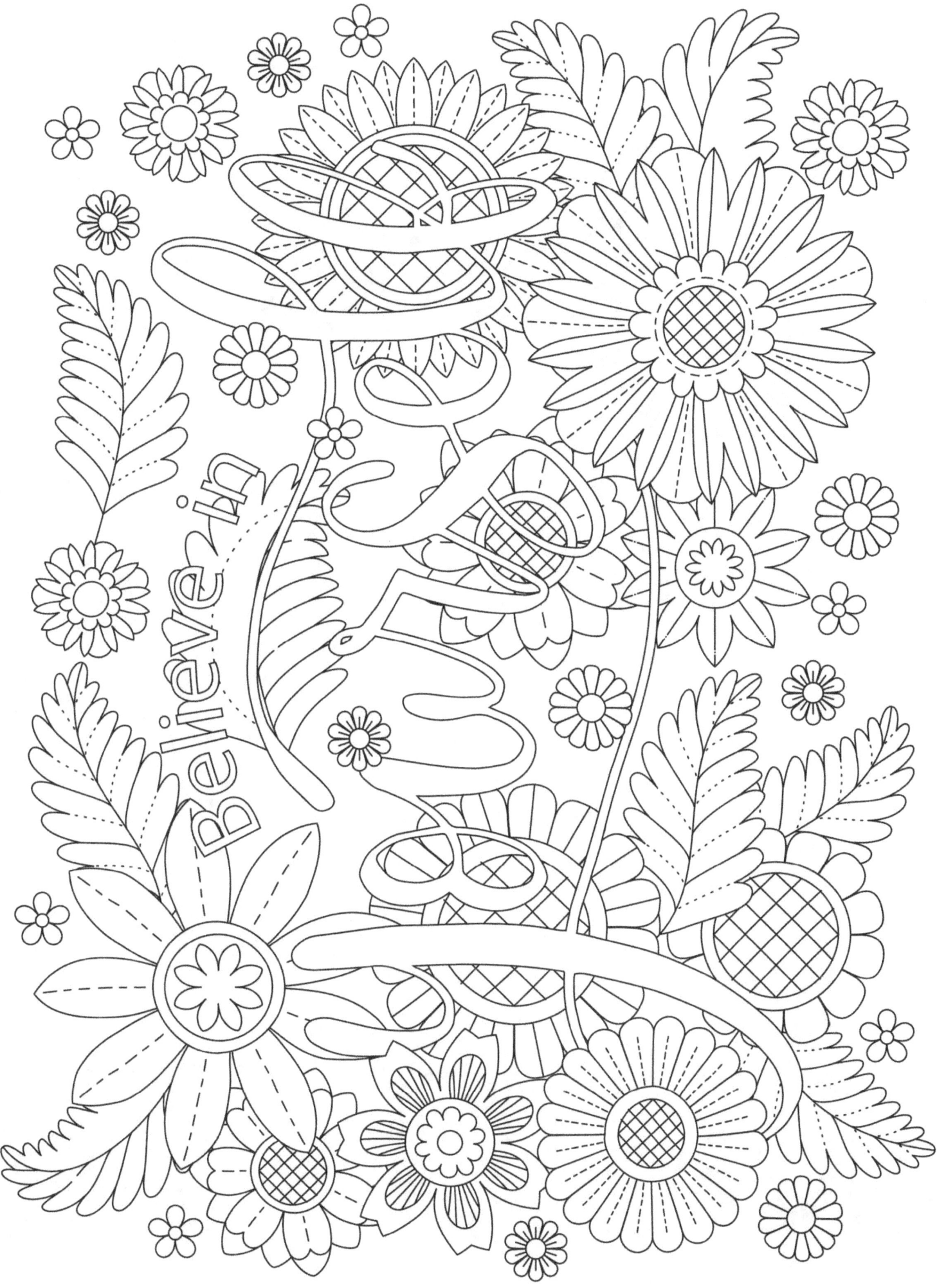

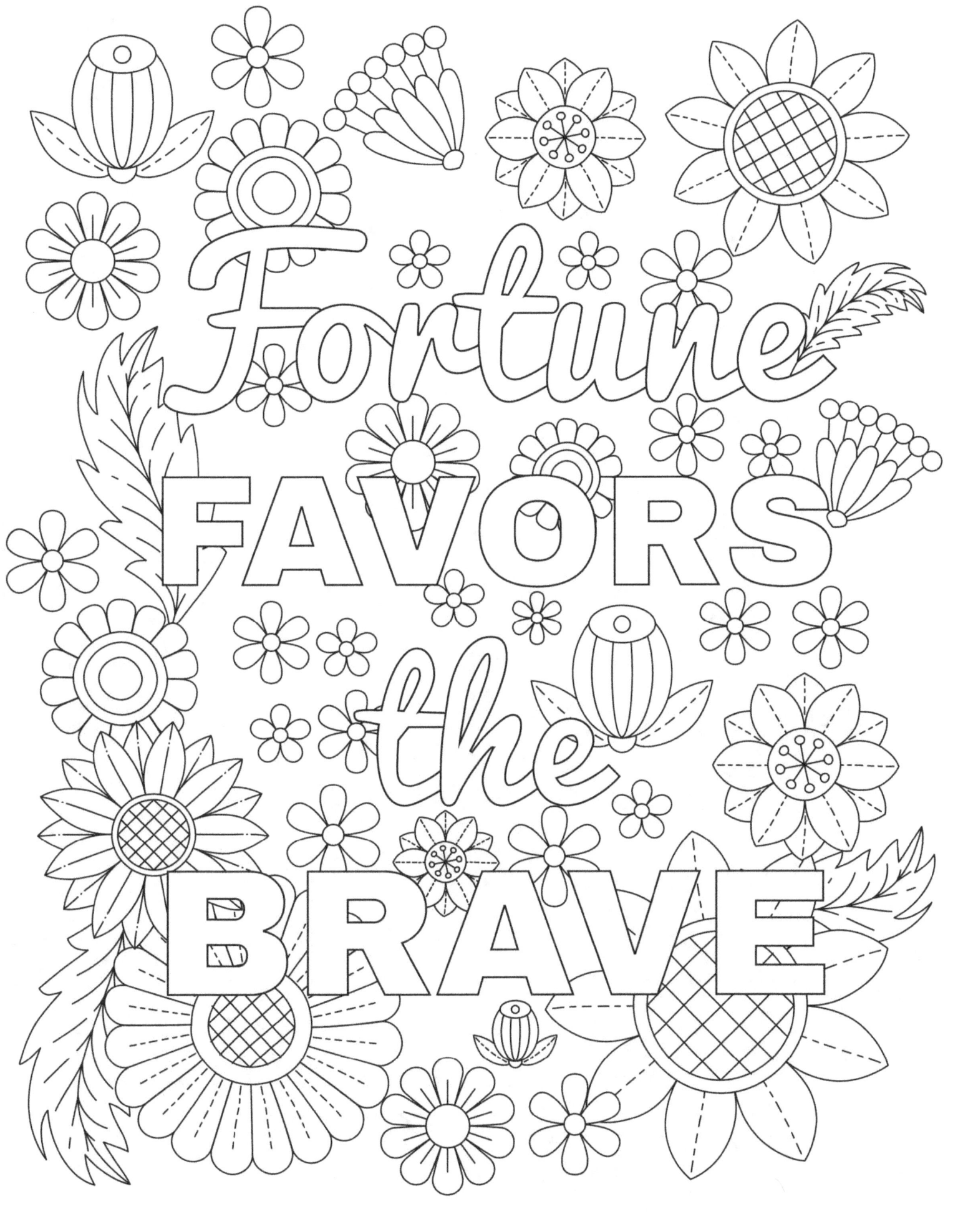

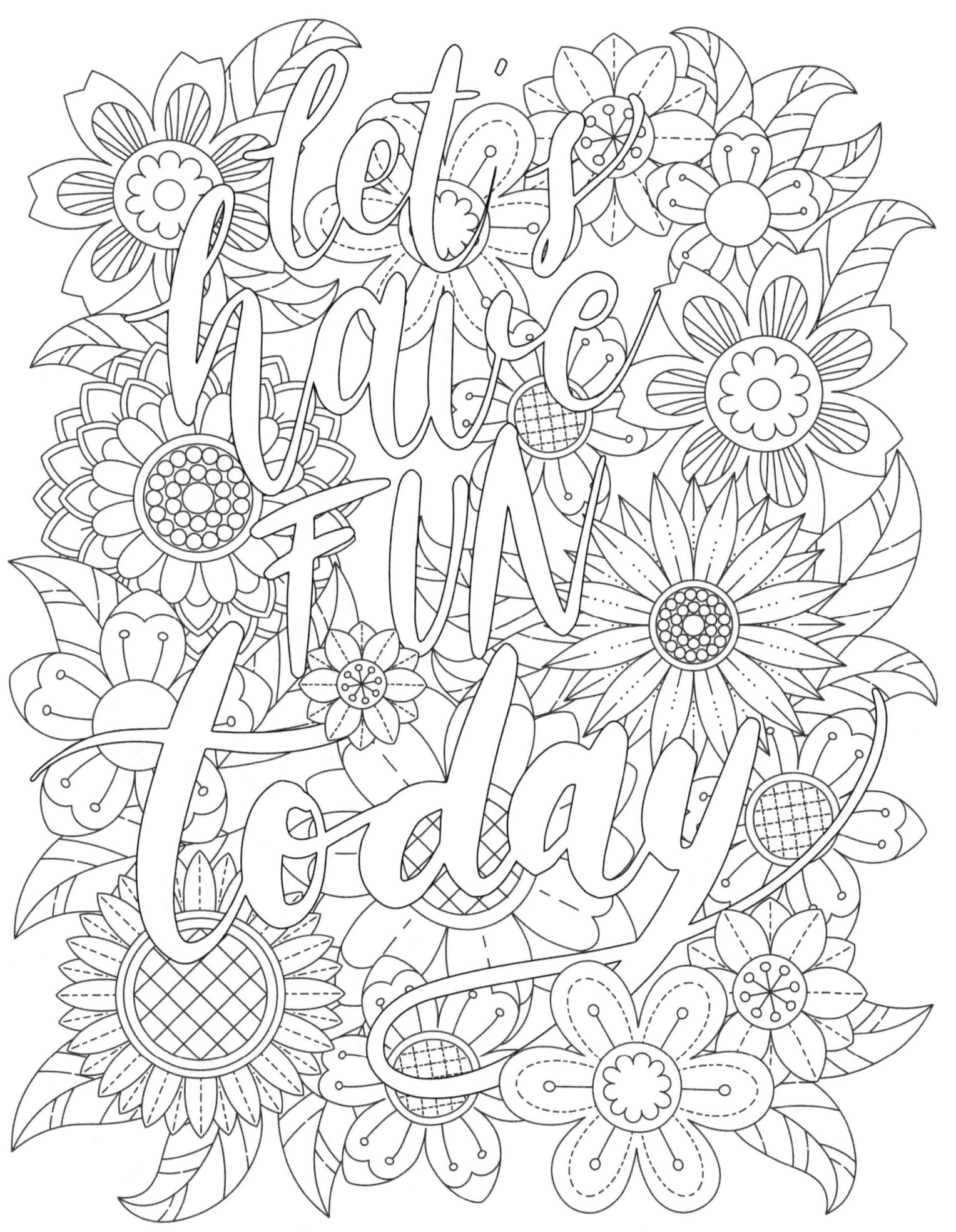

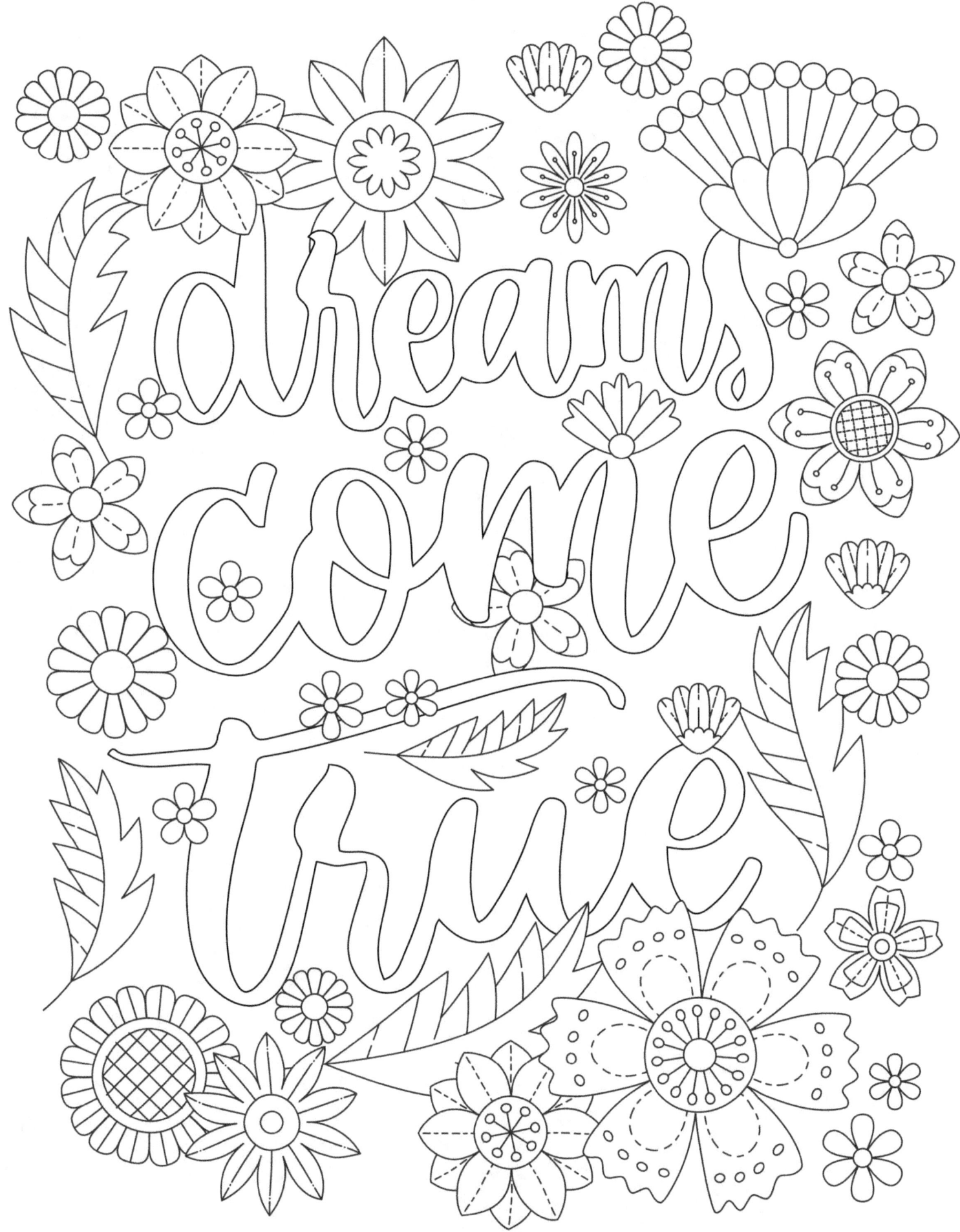

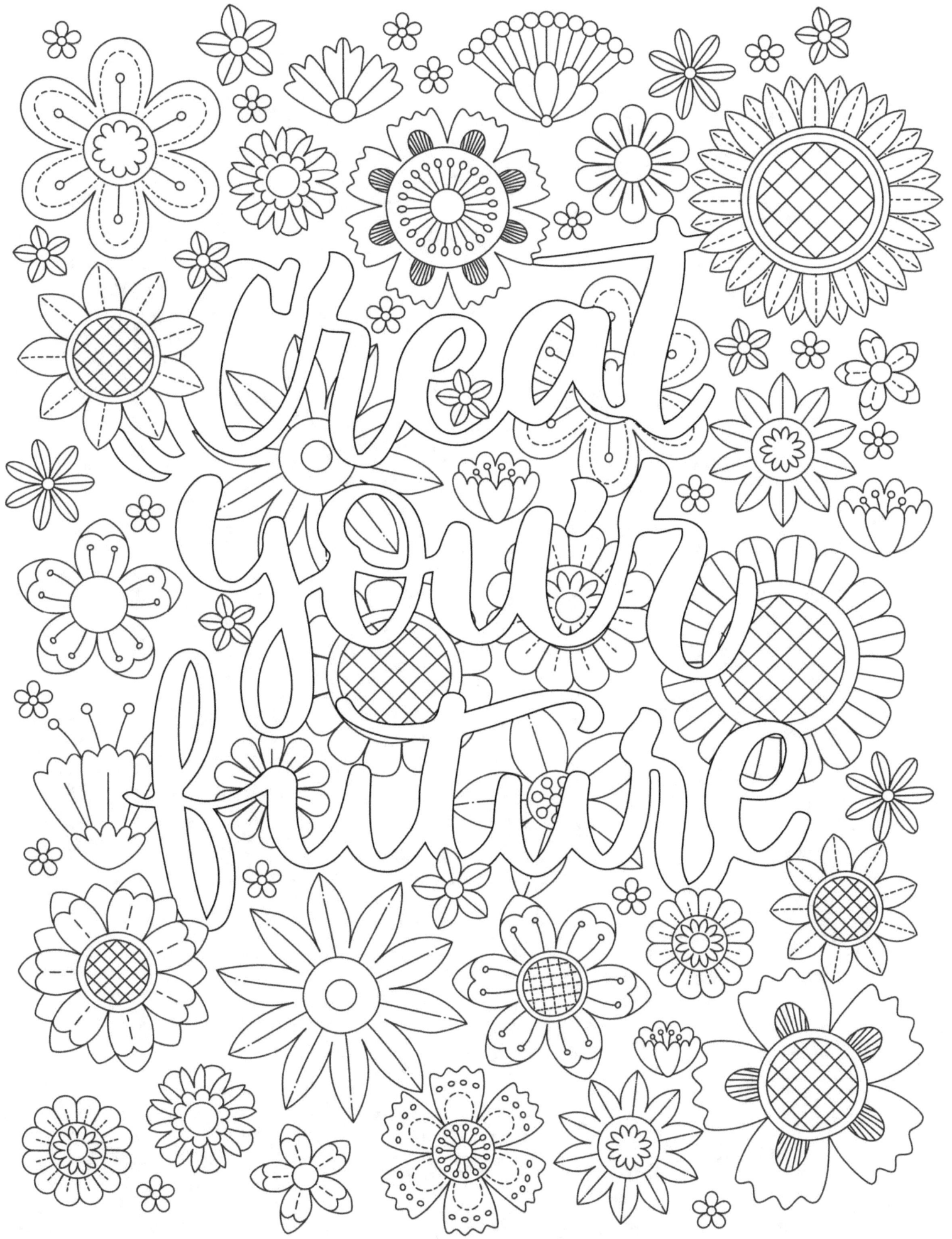

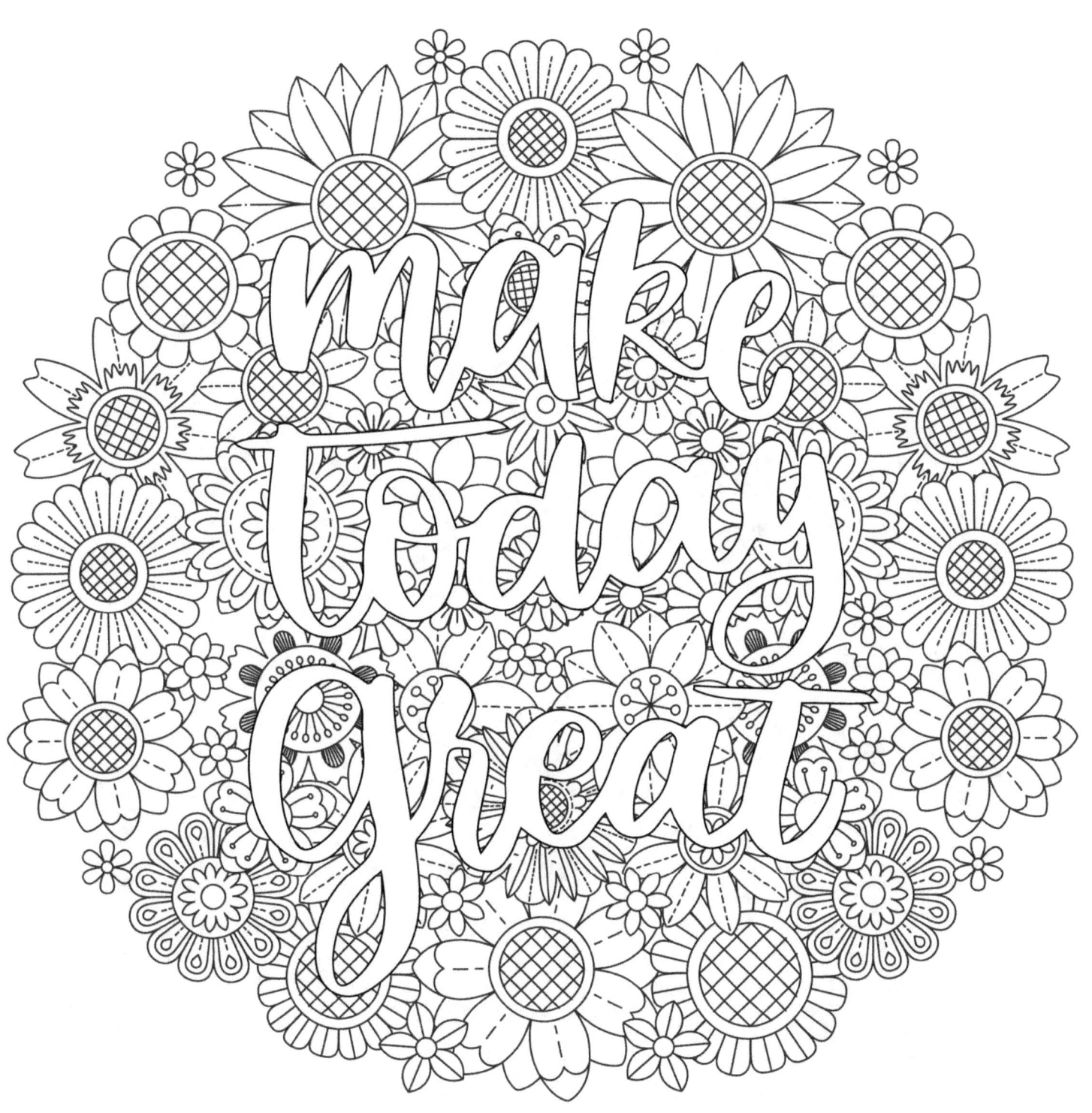

Test Color

Test Color

Test Color

www.ingramcontent.com/pod-product-compliance
Lightning Source LLC
Chambersburg PA
CBHW080621220526
45466CB00010B/3412